FRANCE

ET

NAPOLÉON.

DÉDIÉ AU MINISTÈRE DU 1er MARS.

Il devait recevoir ce qu'il sut demander.

PAR

ANTONIN CÉLARIER.

PARIS.

CHEZ TOUS LES LIBRAIRES ET MARCHANDS DE NOUVEAUTÉS.

1840.

FRANCE

ET

NAPOLÉON.

DÉDIÉ AU MINISTÈRE DU 1er MARS.

(Il devait recevoir ce qu'il sut demander.)

PAR

ANTONIN CÉLARIER.

PARIS.

CHEZ TOUS LES LIBRAIRES ET MARCHANDS DE
NOUVEAUTÉS.

1840.

Imprimerie de Mme De Lacombe,
rue d'Enghien, 12.

FRANCE ET NAPOLÉON.

I.

Hélas ! un ombre écueil se dresse jusqu'aux cimes
Où viennent aborder les cœurs les plus sublimes.
C'est l'écueil qui déjà, près du but glorieux,
Brise Alexandre même et le chef des Hébreux :
Pour la pourpre de Tyr et l'encens d'Arabie,
L'un, dédaignant le fer qui lui livra l'Asie,
Homme, d'un Immortel ose usurper le nom,
Et le héros s'éclipse aux campagnes d'Ammon ;
Ni les feux du Sina, ni la mer traversée
De Moïse n'ont pu rassurer la pensée ;
Il doute... Il frappe encor le dur rocher de Sim :
Moab l'ensevelit aux portes d'Ephraïm.

Orgueil, ambition, défiance inquiète,
Rampent sur nos degrés du sol jusques au faîte ;

Nul ne peut y monter que d'un pied hasardeux,
Toujours, toujours mordu d'un serpent venimeux.

Lui!... Ce fut son amour des vanités royales.
Eh ! quel triste ornement, aigles nationales,
Pour achever un vol déjà si près des cieux
Vous fîtes-vous, hélas ! d'un manteau radieux,
D'un sceptre reverni, ces pompes surannées?
Pourquoi, répudiant de chastes hyménées,
Daignâtes-vous aux rois, ce jour-là triomphans,
Demander une mère à vos nobles enfans?
Et toi qui de ton lait avais nourri ses gloires,
O sainte Liberté, ce fils de tes victoires,
Devais-tu donc le voir, trahissant tes amours,
Et baillonner ta voix et proscrire tes jours?
Aussi le peuple, las de brillantes misères,
Et rechargé du faix secoué par ses pères,
Cessa de reconnaître en ce royal éclat
Celui qu'il chérit tant sous l'habit de soldat.
Alors ce fut fini : nous vîmes son armée
D'une si haute chûte à ses pieds alarmée,
De son idole envain nous redorer l'autel ;
Le peuple ne fait point de serment éternel ;
Il retire sa force au bras qui l'abandonne ;
Il défend les seuls droits de sa propre couronne ;
Et qui les peut trahir doit retomber soudain
D'où son choix l'appela pour servir son destin.

II.

Mais, ainsi Dieu le veut, un généreux génie
Aux flammes du malheur toujours se purifie ;
Or, de plomb dépouillé dans le creuzet ardent,
Eclair éternisé d'un orage grondant,
Semence par le ciel aux tempêtes livrée
Jusqu'au jour où, fendant la roche déchirée,
Sur ses âpres sommets s'épanouit sa fleur,
D'un plus doux rire éclose au sein de cette horreur.

Ainsi, mon Empereur, ni gloire, ni puissance,
Ni délire d'amour d'un peuple étincelant,
Ne t'auraient consacré, comme un jour de souffrance,
Comme vingt ans d'exil sur ton rocher brûlant.

Sainte expiation d'une erreur magnanime,
Long martyre souffert sans haine et sans courroux,
Aux bras impatiens de sa France unanime,
Répondez ; ah ! comment enfin le rendez-vous ?

Sans doute sur sa tête éclate la couronne
Dont de si beaux fleurons ornaient la majesté :
Milan, Rome, Austerlitz qui d'un soleil rayonne,
Et les Alpes franchis de son vol indompté ;

Sans doute sur ses pas gronde encore ce foudre
Dont il épouvanta les plus fières cités,
Et sans doute à ses pieds tourbillonne la poudre
Qu'y firent en croulant leurs trônes culbutés.

Car quelle était sa joie, ô France souveraine,
Alors que d'une main, magnanime héros,
Jonchant ton sol sacré de leurs débris royaux,
Sur trente nations élevant ton domaine,
De l'autre, il pavoisait leur ciel de tes drapeaux !

La génération qu'illustra son passage
Ranime à son aspect tout un fabuleux âge ;
Et sur nous tous qu'enfans délaissa son départ
De l'astre reparu quel sera le regard !

Mère, qu'il sera grand ce cri qu'à son oreille
Si long-temps comprimé poussera notre cœur,
Ce beau cri dont ta voix, à sa splendeur pareille,
L'enivra dix-sept ans : « Vive notre Empereur ! »

        Eh ! que de larmes à répandre !
        Et que de projets à verser
        Dans cette âme sublime et tendre,
        Toujours ardente à t'exaucer,
        Soit que d'Égypte tu l'appelle,
        De ta fortune qui chancelle
        Conjurer l'infidélité ;
        Soit que, d'un feu qui les féconde,
        Son glaive ouvre au loin par le monde
        Des chemins à la Liberté ! !

Oui, long-temps il guida ses marches triomphales,
Radieuse, et l'armant du brûlant aiguillon
Qu'en sa main de géant ta révolution
Forgea du fer rompu des chaînes féodales ;

Long-temps à ses éclairs son foudre rugissant
Aux peuples ténébreux fit envier la gloire
Dont la grande Déesse, aux jours de sa victoire,
Ceignait avec bonheur ton front resplendissant.

Et si quelques erreurs y laissaient une tache,
Si quelques sombres plis y cachaient un remords,
Avec quels pieux soins voila-t-il sans relâche
Sous ses plus purs lauriers ces ombres et ces torts !

III.

.Depuis son triste exil la France est bien changée !
Les rois à son départ ont relevé leurs fronts ;
Ils l'ont toute meurtrie au fouet de leurs affronts ;
Sainte-Hélène? i's nous l'ont à nous-même infligée.
Dans ce cloaque impur, de leur horde envahi,
Reconnaîtra-t-il bien la magnifique France
Qu'au moule rajeuni du Grand-Karl, œuvre immense !
Il fit de gloire et d'or à l'œil tout ébloui ?

    Qu'avez-vous fait de cette reine
    Qui, des rivages de la Seine,
    Aux bords surpris du Borysthène
    Et de ce vieux Nil limoneux,
    De ses feux sillonnant leur onde,
    Déploya sa droite profonde,
    Terrible aux tyrans, et du monde
    Le libérateur généreux ?

Qu'avez-vous fait de sa couronne
Et du chaste azur de son trône,
Terrestre Olympe qui rayonne
De mille soleils éclatans :
Italie, antique auréole,
Afrique, Friedland, Arcole,
Tous, dont l'homérique parole
Chante des triomphes géans ?

Et ce frêle enfant dont l'aurore,
De si beaux reflets se colore,
Lui que l'Aigle berçait encore
Dans sa chûte, d'un bras meurtri ;
Qu'il confie à nos soins fidèles,
Pour que nos invincibles ailes
L'étreignent d'amours éternelles ?
Oh ! de poisons il l'ont nourri...

Mais qu'entends-je ! à la voix des puissans souvenirs
La liberté mourante enfin s'est réveillée ;
Sous ses nobles couleurs la France rappelée,
Au loin, comme en son sein, doit venger ses martyrs.
        Il est toujours une Italie
        Rivée en ses antiques fers ;
        Et là-bas la Pologne plie
        Au poids des plus sanglans revers.
« A nous, Français, à nous, cette main protectrice,
» Qui dénouerait si bien nos destins entravés ;
» Aux peuples qu'on opprime un seul regard propice !
» A nous, frères, à nous, et nous sommes sauvés ! »

« A cet appel sacré, courons ! » — Parole vaine !
Par de royales peurs notre glaive arrêté

En vain rugit de rage à cette lâcheté,
        Dans son fourreau de Sainte-Hélène.

IV.

Ce labyrinthe menaçant
De questions amoncelées,
De la veille au jour plus voilées
A notre compas impuissant :
Les nations toujours parquées ;
Toujours leurs limites marquées
De leur sang et de leurs sueurs ;
Vainement, d'une main amie,
Cherchant à rallier leur vie
Au nœud fécond de leurs labeurs ;

L'Europe, ou cosaque ou française ;
Le Croissant vainqueur ou dompté ;
Au giron de la charte anglaise,
Peuples, votre bras garrotté ;
Le jour riant, ou la nuit sombre ;
Votre espoir fondu comme une ombre,
Ou des justes Dieux secondé ;
Des fers, ou, sainte délivrance !
Sur vous d'un beau soleil de France
Un nouveau Juillet débordé ;

Ah ! de cette obscure épopée
Qui réglera le plan certain ;
Qui déliera, mais sans épée,
Le nœud méditerranéen ?

Vîte ! pacifique Alexandre,
Car dans l'arène il peut descendre
Un Spartacus, au poignet sûr,
Qui, plus prompt que nos Démosthènes,
Tout-à-coup brisera les chaînes
Où bouillonne en fureur l'avenir déjà mûr...

V.

Mais de battemens plus rapides
Le sang du brave est animé,
Et l'Aigle éteint aux cieux splendides
De ses foudres s'est rallumé ;
De l'impérissable colonne
Le bronze s'émeut et frissonne
D'un immense rayonnement ;
Mêlant, du fond de ses entrailles,
Aux cris vainqueurs de ses batailles
Un long cri de ravissement ;

Auquel, sur la base douteuse
Où l'a hissé la trahison,
Rugit, d'une voix caverneuse,
De l'étranger le vil Lion :
Au chaste éclat de notre Étoile,
Voyez comme son front se voile
D'un crêpe de honteux sermens ;
— Rugis encore horrible pierre ;

Il faut une ombre à la lumière,
Et ton vil murmure à nos chants ! —

« Qui, moi ? moi, murmurer d'une sourde colère ?
       » Tordre mon œil humilié ?
» Et sous votre mépris abaisser ma crinière
       » Sur mon piédestal défié ?...
» Au spectacle enivrant de vos grandeurs vaincues,
       » Combien plutôt dans mon orgueil
» Me dressant, et raillant vos gloires abattues,
       » Vais-je bondir sur leur cercueil !

» Oh ! certes, vous pouvez sur vos places publiques,
       » Comme en un temple solennel,
» Dans des bières de bronze enchasser vos reliques.
       » Ensuite, excitant votre fiel,
» Vous pouvez, y soufflant comme sur un vieux livre,
       . » Dans votre poudreux étendard
» Follement débrouiller, pour les faire revivre,
       » D'anciens affronts au léopard ;
» Soit ; mais aux griffes d'or de ma forte vengeance,
       » Si bien j'enchaîne votre main ;
» Si bien je viens à bout de votre turbulence,
       » Tel qu'un géant ferait d'un nain,
» Que, semblable au vieillard sans force et sans lumière,
       » Pour qui s'est fermé l'avenir,
» Vous ne pouvez plus rien, rien que fouiller la terre
       » Où dort votre grand souvenir ;

» Disputer à mes dents de misérables restes,
       » Exhumer de froids ossemens,

» Et puis les entasser jusqu'aux voûtes célestes
   » En funéraires monumens. »

Infâme!.. Il est trop vrai.. Mes vœux n'étaient qu'un songe.
Nos souvenirs du moins ne sont point un mensonge.
Oui : c'est de nos tombeaux que s'élèvent ces voix
Dont, l'oreille vers nous, tremblent toujours les rois ;
Elles ceignent nos reins d'un bouclier suprême,
D'un plus bel avenir sont le fondement même,
Et, malgré le soutien de leurs lâches flatteurs,
De vingt spectres régnans les morts sont les vainqueurs.
Trop de gloire a doré leurs immenses conquêtes,
Leurs gigantesques pas ont trop foulé vos têtes,
Trop bas, sous leurs regards s'est ployé votre front,
Pour que de notre paix vous nous fassiez affront.
Remuez, et soudain, comme l'Eole antique,
De l'un et l'autre pôle, à leur voix héroïque,
Le monde soulevé sur vous éclatera,
Et comme de la paille il vous dispersera.
Que parlez-vous du nombre — et de l'indifférence
Qui dans ses bras flétris endort notre vengeance?
Étions-nous plus nombreux quand, pieds nus et sans pain,
Et seulement armés des droits du genre humain,
Sémeurs d'égalité par cette terre esclave,
Evangile vivant briseur de toute entrave,
Partout un contre dix... vos peuples abusés
Se virent à nos chocs si follement brisés,
Et sur vingt champs fameux d'Afrique en Germanie,
—Débris accusateurs de votre tyrannie,—
Tracèrent de leur sang notre invincible nom ?

Que parlez-vous aussi d'indifférence? Non,

Pour avoir dans les flots d'une sainte industrie
Eteint notre tonnerre, et, d'une main chérie,
Offert aux nations d'une durable paix
Le gage inespéré, les généreux bienfaits ;
Pour vous avoir, vous dis-je, à tous, après l'orage,
De nos arts, de nos lois, dispensé le partage,
— Ciel retendu d'azur, air frais, vents apaisés,
Soleil d'or vivifiant vos champs ensemencés, —
      Croyez-vous qu'en notre âme,
Comme en nos mains, se soit éteinte cette flamme
Où s'allume le foudre aux tyrans si fatal,
Et dont Dieu nous a faits l'éternel arsenal ?
Pensez-vous que ce fruit au monde si propice,
Ce fruit de liberté, grandi sous notre auspice,
De notre plus pur sang arrosé, coloré,
Pain de vie et d'amour, Jésus transfiguré,
Nous le puissions livrer, perdant toute mémoire,
Aux infâmes traitans de sa divine gloire ?
Ah ! vous ne savez pas la science du ciel ;
Si le juste, une fois vaincu, nourri de fiel,
Sous la droite de Dieu, de vos fureurs expire,
C'est pour mieux, de son sang, cimenter son empire ;
C'est pour mieux des Judas dévoiler la noirceur ;
De tout frère opprimé mieux tarir la douleur ;
Des courages tombés redresser la bannière,
Et du cri de sa mort ressusciter la terre.
Qu'importe sa dépouille en un traître tombeau ?
La tombe n'est pour lui qu'un triomphe nouveau,
D'où, vers le sein de Dieu, bien plus puissant encore,
Il s'élance éclatant d'une immortelle aurore.

Ainsi la Liberté, dans vos affronts récens,

De nouvelles ardeurs retrempe ses enfans.
Des cris qu'elle a jetés à vos dédains infâmes
Secouant la torpeur des plus timides âmes,
Tous elle nous rallie, et, de votre courroux,
Elle souffle le feu qui vous brûlera tous.

VI.

De gloire et de malheur doublement consacrées,
Oh ! venez maintenant, reliques adorées !
Assez, mon Empereur, d'un murmure hautain
Roule sur votre cendre un Océan lointain ;
Assez ce sombre Dieu des vents et des tempêtes,
De votre nom troublé, jaloux de vos conquêtes,
Toujours votre ennemi, parce que trop long-temps
Vous avez harcelé ses orgueilleux enfans ;
Leur arrachant la terre et leur disputant l'onde,
Lumineux Prométhée, accapareur du monde,
Assez de son vautour il vous a déchiré.
Reportez dans nos bras votre cœur ulcéré.
Mieux que le saule, ami de votre ombre inquiète,
Oh ! mieux que le ruisseau qui seul, hélas ! vous prête
De sa douce fraîcheur le baume officieux,
Nous vous abriterons ; et de nos pleurs pieux,
Père, nous laverons cette large ouverture
Où du bec étranger s'étale la rongeure.
Vous vous trouverez bien dans votre dernier lit ;
Celui que vous rêviez !... Là, comme dans son nid,
L'aigle s'endort bercé par le bruit de l'orage ;
Vous vous reposerez aux chants de notre hommage.

Parfois d'un mâle accent poussé de toutes parts
Vous sentirez frémir vos nobles étendards :
Soudain debout, monté sur les Alpes sublimes,
Audacieux vainqueur de leurs neigeuses cimes,
Du doigt, à vos soldats, là, vous montrez Milan,
Ici, Rome, là-bas, le Caire et le Liban,
Tandis que de Wagram, de Tilsitt et d'Argonne,
Le Nord de votre gloire achève la couronne.
Mais hélas! d'un sanglot votre rêve oppressé...
Ah! vous redemandez cet enfant délaissé,
Du moins la douce image où, dit-on, s'est empreinte
De votre œil moribond la paternelle étreinte.
Sire, de l'avenir que cache le rideau?
Dieu seul le sait... Peut-être en un même tombeau,
Vous — de toutes grandeurs l'éblouissant emblème,
Force, bonheur, génie, épée et diadème,
Puis de l'adversité, par d'éclatans retours,
L'effroyable jouet aux plus hauts de vos jours,
Soleil en son zénith atteint par un orage;
Lui, — bercé dans l'espoir d'un immense héritage,
Le front naissant scellé de légitimité,
Puis d'un précoce exil loin de nous emporté,
Songe d'or que dissipe, éphémère merveille,
Le premier mouvement du jour qui se réveille ;
Tous deux peut-être enfin Dieu vous réunira,
Et d'une même vie il vous ranimera.

Et tandis qu'en son sein de clémence infinie,
Des consolations épuisant l'harmonie,
De vos terrestres vœux dédaignant le retour,
Vous vous abreuverez d'un immortel amour ;

Vos débris confondus nous diront que la gloire
Doit de la liberté couronner la victoire,
Et non la détrôner ; que, plus sacrés, plus beaux
Ses droits sont soutenus des plus nobles héros ;
Que rien ne la vaincra ; que cette souveraine
Des plus puissans rivaux purgera son domaine ;
Qu'éclairée en ses choix, de la seule vertu
L'homme doit obtenir son sceptre combattu ;
Qu'elle soufflette enfin de sa main conquérante
La légitimité, cette idole croulante.

Imprimerie de Madame DE LACOMBE, rue d'Enghien, n. 12.